BEI GRIN MACHT SICH IHR WISSEN BEZAHLT

- Wir veröffentlichen Ihre Hausarbeit, Bachelor- und Masterarbeit

- Ihr eigenes eBook und Buch - weltweit in allen wichtigen Shops

- Verdienen Sie an jedem Verkauf

Jetzt bei www.GRIN.com hochladen und kostenlos publizieren

Einführung in die Psychologie. Psychologische Forschungsmethoden, das psychologische Experiment und Berufsbilder

Sina Heller

Bibliografische Information der Deutschen Nationalbibliothek:

Die Deutsche Nationalbibliothek verzeichnet diese Publikation in der Deutschen Nationalbibliografie; detaillierte bibliografische Daten sind im Internet über http://dnb.d-nb.de abrufbar.

ISBN: 9783346363596
Dieses Buch ist auch als E-Book erhältlich.

© GRIN Publishing GmbH
Nymphenburger Straße 86
80636 München

Alle Rechte vorbehalten

Druck und Bindung: Books on Demand GmbH, Norderstedt Germany
Gedruckt auf säurefreiem Papier aus verantwortungsvollen Quellen

Das vorliegende Werk wurde sorgfältig erarbeitet. Dennoch übernehmen Autoren und Verlag für die Richtigkeit von Angaben, Hinweisen, Links und Ratschlägen sowie eventuelle Druckfehler keine Haftung.

Das Buch bei GRIN: https://www.grin.com/document/962112

Inhaltsverzeichnis

Inhaltsverzeichnis 2

Abkürzungsverzeichnis 3

1. Aufgabe B1 4
   1.1 Psychologische Forschungsmethoden 4
      1.1.1 Befragungen 5
      1.1.2 Beobachtung 5
      1.1.3 Computersimulation 6
      1.1.4 Experiment 7
   1.2 Einordnung der Forschungsmethoden in interne und externe Validität ... 7
      1.2.1 Befragungen 8
      1.2.2 Beobachtungen 8
      1.2.3 Computersimulation 9
      1.2.4 Experiment 9

2. Aufgabe B2 10
   2.1 Das Experiment als Königsweg 10
      2.2.2 Vergleich Experiment vs. Systematische Feldbeobachtung 12

3. Aufgabe B3 14
   3.1 Berufsfelder der Psychologie 15
      3.1.1 Forensische Psychologin/ Forensischer Psychologe 15
      3.1.2 Schulpsychologin/Schulpsychologe 16
      3.1.3 Verkehrspsychologin/Verkehrspsychologe 17
   3.2 Psychologische Grundlagen- und Anwendungsfächer 18
      3.2.1 Forensische Psychologie 18
      3.2.2 Schulpsychologie 18
      3.2.3 Verkehrspsychologie 19

Literaturverzeichnis 20

Abkürzungsverzeichnis

Aufl.	Auflage
bspw.	beispielsweise
bzw.	beziehungsweise
d.h.	das heißt
et al.	und andere
Hrsg.	Herausgeber
sog.	sogenannt
z. B.	zum Beispiel
Vgl.	Vergleiche

1. Aufgabe B1

In diesem Teil der Einsendeaufgabe sollen ausgewählte psychologische Forschungsmethoden kurz erläutert und in das Spektrum interner und externer Validität eingeordnet werden.

1.1 Psychologische Forschungsmethoden

Es besteht häufig fälschlicherweise die Annahme, dass die Psychologie keine richtige Wissenschaft sei, sondern der Versuch, subjektive Annahmen mit der eigenen Forschung zu bestätigen. Ein Aspekt dieses Vorurteils ist, dass der Gegenstand der Psychologie jeden Menschen betrifft und Menschen dazu neigen, Erklärungen für bestimmte Ereignisse zu suchen, die jedoch Verzerrungen unterliegen können. Das mag im Alltag gang und gäbe sein, allerdings ist die Psychologie eine Wissenschaft und bedient sich folglich verschiedener wissenschaftlicher Methoden.[1]

Forschungsmethoden sind Verfahren und Analysetechniken, die zur Klärung von wissenschaftlichen Fragestellungen eingesetzt werden. Dabei wird zwischen quantitativen und qualitativen Forschungsmethoden unterschieden.[2]

Der Schwerpunkt der quantitativen Forschung liegt in der Untersuchung offener Forschungsfragen an wenigen Untersuchungseinheiten mittels unstrukturierter oder teilstrukturierter Datenerhebungsmethoden. Die qualitativen Daten, die erhoben werden, sind nicht numerisch, sondern verbal sowie visuell und werden interpretativ ausgewertet. Ziel ist es, Gegenstände zu beschreiben und Theorien zu bilden.[3]

In der quantitativen Forschung liegt der Fokus auf theoretisch abgeleitete Forschungshypothesen, die an vielen Untersuchungseinheiten mit strukturierten Datenerhebungsmethoden untersucht werden. Quantitative Daten sind numerisch und werden statistisch ausgewertet. Ziel ist es, Theorien zu überprüfen.[4]

---

[1] Vgl. Fischer et al. (2018), S. 8.
[2] Vgl. von der Assen (2016) S. 133.
[3] Vgl. Döring/Bortz (2016), S. 184.
[4] Vgl. Ebd., S. 184.

1.1.1 Befragungen

Befragungen sind Methoden, die auf eine gezielte Kommunikation, wie z.B. einem Interview oder einem Fragebogen, basieren. Diese können mündlich (persönlich oder am Telefon), oder schriftlich (vor Ort, per Post oder im Internet) durchgeführt werden. Unterscheiden lassen sie sich nach dem Grad der Strukturiertheit (strukturiert, teilstrukturiert oder unstrukturiert). Zudem variiert die Anzahl der Teilnehmer je nach Untersuchung von Einzelinterviews bis hin zu Gruppenbefragungen und Surveys.[5] Befragungen finden sich sowohl in der qualitativen als auch quantitativen Forschung.[6]

Mit Fragebögen können Aussagen mit relativ geringen Kosten und geringem Aufwand quantifiziert werden. Allerdings besteht die Möglichkeit, dass Antworten leichter verfälscht und keine Ursache-Wirkungs-Zusammenhänge festgestellt werden könnten. Darüber hinaus ist unklar, ob den Versuchspersonen die erfragten psychologischen Prozesse bewusst sind und deshalb die Fragebögen valide beantwortet werden können.[7]

1.1.2 Beobachtung

Die Beobachtung ist eine qualitative Datenerhebungsmethode[8] und kann als „systematische und regelgeleitete Registrierung des Auftretens bzw. der Ausprägung von ausgewählten, psychologisch relevanten Merkmalen oder Ereignissen (vor allem von Verhaltensweisen von Menschen)"[9] definiert werden. Aus dem beobachteten Verhalten kann auf Einstellungen oder auch Persönlichkeitseigenschaften geschlossen werden. Charakterisiert sind Beobachtungen vor allem durch ihre Realitätsnähe und ihre Aussagekraft für tatsächliches menschliches Verhalten. Jedoch sind sie anfällig für Verzerrungen und Fehlschlüsse und lassen darüber hinaus keine Aussagen über Ursache und Wirkung zu.[10]

---

[5] Vgl. Elearning Psych TU Dresden Befragung (2017).
[6] Vgl. Döring/Bortz (2016), S. 361.
[7] Vgl. Fischer et al. (2018), S. 11.
[8] Vgl. Hussy et al. (2013), S. 62.
[9] Ebd., S. 62.
[10] Vgl. Fischer et al. (2018), S. 10.

Es gibt verschiedene Varianten der Beobachtungen: Die teilnehmende und nicht teilnehmende Beobachtung unterscheidet sich dadurch, ob Beobachtende an dem Geschehen, das beobachtet werden soll, teilnehmen oder nicht. Die Entscheidung für die eine oder andere Variante ist von zentraler Bedeutung für die Validität.[11] Denn hierbei besteht die Gefahr, dass Beobachtende durch ihre Beteiligung das Verhalten des Untersuchungsgegenstands so beeinflussen, dass es anstelle auf die unabhängige Variable, auf ein Merkmal des Beobachtenden zurückzuführen ist.[12] Ferner lassen sich Labor- und Feldbeobachtungen voneinander abgrenzen. Laborbeobachtungen werden in kontrollierten Situationen durchgeführt; Feldbeobachtungen dagegen in der sozialen Wirklichkeit.[13] In der qualitativen Forschung finden sich zumeist Feldbeobachtungen.[14]

Gegenstand der Beobachtungen können einzelne Personen, Interaktionen in großen Gruppen wie bei einem Rockkonzert oder in kleineren Gruppen wie in der Familie, aber auch Alltagsroutinen, Formen nonverbaler Kommunikation, ausgewählte Schauplätze wie eine Tagung oder Institutionen wie Krankenhäuser sein.[15]

1.1.3 Computersimulation

Im Gegensatz zu anderen Verfahren werden bei der Computersimulation keine Daten erhoben, sondern Daten generiert. Hierbei wird menschliches Verhalten und Erleben als Computermodell nachgebildet oder Gehirnprozesse anhand künstlicher neuronaler Netze simuliert, um ein besseres Verständnis über die Prozesse zu erlangen.[16]

---

[11] Vgl. Brosius et al. (2016), S. 201.
[12] Vgl. Elearning Psych TU Dresden Beobachtung (2017).
[13] Vgl. Kochinka (2010), S. 454-455.
[14] Vgl. Hussy et al. (2013), S. 238.
[15] Vgl. Ebd., S. 239.
[16] Vgl. Methoden Entwicklungspsychologie (2020), S.39.

1.1.4 Experiment

„Experimente sind Untersuchungsanordnungen, mit denen Kausalzusammenhänge überprüft werden."[17] Untersucht wird dabei der Einfluss einer unabhängigen Variablen, wie bspw. ein Splatterfilm, auf die zu messende abhängige Variable, wie z. B. das Aggressivitätsniveau.[18] Dabei lassen sich folgende Arten unterscheiden: Das „echte" Experiment, bei der eine zufällige Zuweisung der Versuchspersonen auf die verschiedenen Versuchsbedingungen erfolgt (Randomisierung), das Quasi-Experiment, bei der keine zufällige Bedingungszuweisung erfolgt, sowie das Labor- und Feldexperiment.[19] Das klassische Experiment bzw. Laborexperiment wird im Labor unter kontrollierten Bedingungen und das Feldexperiment in einer natürlichen Umgebung durchgeführt. Eine weitere Sonderform des Experiments sind Feldstudien, die in einer natürlichen Umgebung ohne Randomisierung erfolgen.[20]

1.2 Einordnung der Forschungsmethoden in interne und externe Validität

Die klassischen Gütekriterien Objektivität, Reliabilität und Validität wurden vor allem für quantitative Methoden entwickelt.[21] Die Objektivität und die Reliabilität kann nur eingeschränkt auf die qualitative Forschung übertragen werden. Daher gewinnt insbesondere die Validität in der qualitativen Forschung an Bedeutung.[22] Das Validitätskriterium kann dabei noch weiter ausdifferenziert werden in die interne und externe Validität.[23]

Die interne Validität drückt aus, inwieweit die Variation der unabhängigen Variablen auf die beobachtete Variation in der abhängigen Variablen zurückzuführen ist oder eine Drittvariable (Störvariable) diesen Zusammenhang verursacht hat.[24] Da qualitative Untersuchungen eher beschreibend als erklärend

---

[17] Brosius et al. (2016), S. 217.
[18] Vgl. Ebd., S. 217.
[19] Vgl. Methoden Entwicklungspsychologie (2020), S.29.
[20] Vgl. Hussy et al. (2013), S. 141-142.
[21] Vgl. Ebd., S. 137.
[22] Vgl. Ebd., S. 278.
[23] Vgl. Ebd., S. 137.
[24] Vgl. Fischer et al. (2018), S. 13.

sind, stellt sich die Frage der internen Validität in der qualitativen Forschung bis auf das qualitative Experiment und die explanative Fallstudie meistens nicht.[25] Die externe Validität zeigt an, inwieweit die Untersuchungsergebnisse auf die Grundgesamtheit verallgemeinert werden können. Eine Verallgemeinerung der Ergebnisse ist allerdings häufig nicht Ziel der qualitativen Untersuchung und aufgrund der kleinen Stichproben nicht möglich. Allerdings kann eine Verallgemeinbarkeit auf andere Situationen sichergestellt werden, indem der Untersuchungsgegenstand in seinem natürlichen Umfeld untersucht wird.[26]

1.2.1 Befragungen

Die interne Validität ist bei persönlichen, mündlichen Befragungen von Personen in einem kontrollierten Umfeld erfüllt. Allerdings verringert die kontrollierte Umgebung die externe Validität, da eine ungewohnte Umgebung Einfluss auf das Antwortverhalten nimmt. Erfolgt die Befragung allerdings in einer natürlichen Situation, wirkt sich dies positiv auf die Übertragbarkeit aus und die externe Validität steigt.[27]

1.2.2 Beobachtungen

Die interne Validität ist bei Beobachtungen aufgrund der geringeren Kontrolle möglicher Störvariablen und äußeren Bedingungen gering. Dagegen ist eine externe Validität gegeben, wenn die Beobachtungen unter Realbedingungen stattfinden.[28] Da bei der nicht teilnehmenden Beobachtung keine Beeinflussung durch die Anwesenheit des Forschenden erfolgt, stellt sie besonders valide Daten dar.[29] Während die nicht teilnehmende Beobachtung eine hohe interne Validität aufweist, ist diese bei der teilnehmenden Beobachtung eher gering, da die Beobachterin bzw. der Beobachter den Untersuchungsgegenstand mit ihrer bzw. seiner Beteiligung beeinflusst. Die Laborbeobachtung taxiert aufgrund der

---

[25] Vgl. Hussy et al. (2013), S. 278.
[26] Vgl. Ebd., S. 278-279.
[27] Vgl. Wiki Marktforschung (2020).
[28] Vgl. Mühlfelder (2017), S. 74.
[29] Vgl. Hussy et al. (2013), S. 242.

künstlichen Beobachtungssituation eher eine geringe externe Validität. Ebenfalls zeichnen sich Beobachtungen einzelner Personen durch eine geringe externe Validität aus, da die Ergebnisse von einzelnen Personen nur schwer generalisierbar sind.

1.2.3 Computersimulation

Da bei Computersimulationen alle Störvariablen ausgeschaltet werden können, besteht hier eine hohe interne Validität. Die Künstlichkeit der Erhebungssituation wirkt sich hingegen auf eine niedrige externe Validität aus.

1.2.4 Experiment

Das Laborexperiment weist aufgrund der Kontrolle der Störvariablen eine hohe interne Validität auf. Im Gegensatz dazu ist die externe Validität geringer, da ein experimenteller Laborbefund nur schwer auf die wirkliche Welt übertragen werden kann.[30]
Da das Feldexperiment unter natürlichen Bedingungen stattfindet und die Störvariablen schwer kontrolliert werden können, ist hier die interne Validität gering.[31] Die Nähe zur natürlichen Umgebung führt allerdings zu einer erleichterten Übertragbarkeit der Ergebnisse und somit zu einer hohen externen Validität.[32]
Aufgrund der fehlenden Randomisierung besitzt das Quasi-Experiment eine geringe interne Validität. Zudem findet das Quasi-Experiment im Labor statt, so dass auch die externe Validität gering ausgeprägt ist.[33]
Bei der Feldstudie ist aufgrund der Durchführung in einer natürlichen Umgebung und der fehlenden Randomisierung die interne Validität gering und die externe Validität hoch.[34]

---

[30] Vgl. Fischer et al. (2018), S. 13-14.
[31] Vgl. Methoden Entwicklungspsychologie (2020), S. 29.
[32] Vgl. Hussy et al. (2013), S. 141.
[33] Vgl. Ebd., S. 142.
[34] Vgl. Ebd., S. 142.

2. Aufgabe B2

In diesem Teil der Einsendeaufgabe wird erläutert, warum das psychologische Experiment als „Königsweg" in der Psychologie betrachtet wird sowie welche Vor- und Nachteile psychologische Experimente im Vergleich zu systematischen Feldbeobachtungen haben.

2.1 Das Experiment als Königsweg

Bis 1879 in Leipzig von Wilhelm Wundt das erste Labor gegründet wurde, war der Gegenstand der Psychologie fast ausschließlich geisteswissenschaftlicher Natur. Das Experiment wurde von Wundt als Forschungsparadigma in der Psychologie etabliert und die Psychologie entwickelte sich als eigenständige Wissenschaft mit verstärkt naturwissenschaftlichem Fokus. Dies waren die Anfänge der heutigen quantitativen Methoden.[35]

Die wesentlichen Merkmale eines Experiments sind, seelische Vorgänge objektiv zu beschreiben sowie willkürlich herbeizuführen und zu verändern. Des Weiteren ist die Wiederholbarkeit für Experimente charakteristisch.[36] Bei einem Experiment wird eine unabhängige Variable variiert und deren Auswirkung auf eine unabhängige Variable gemessen.[37] In der einfachsten Versuchsanordnung wird mit einer zweifach gestuften unabhängigen Variablen gearbeitet, so dass sich ein Zwei-Gruppen-Plan, also eine Experimental- und eine Kontrollgruppe, ergibt.[38]

Bezüglich der Prüfung von Kausalhypothesen wird das Experiment als „Königsweg der Erkenntnis" bezeichnet, denn hierbei können die Ursache-Wirkungs-Relationen, die in Theorien oder Hypothesen postuliert werden, aktiv unter Ausschaltung von Störeinflüssen hergestellt werden.[39]

---

[35] Vgl. Hussy et al. (2013), S. 21.
[36] Ebd., S. 21.
[37] Vgl. Fischer et al. (2018), S. 13.
[38] Vgl. Döring/Bortz (2016), S. 194.
[39] Ebd., S. 194.

Soll bspw. die Hypothese, dass aggressive Videospiele zu einer Erhöhung der Aggressivität der Spielenden außerhalb des Spielzusammenhanges führt, überprüft werden, so könnte dies in einer Experimentalgruppe, die aggressive Videospiele spielt, und einer Kontrollgruppe, in der nicht aggressive Videospiele gespielt werden, untersucht werden. Als abhängige Variable könnte gemessen werden, ob Spielende der Aggressionsbedingung aggressiveres Verhalten als Spielende der Nicht-Aggressionsbedingung zeigen, indem sie bspw. eine andere Person stärker bestrafen.[40]

Die Versuchspersonen werden den beiden Bedingungen zufällig zugeordnet.[41] Denn das Besondere an dieser Methode ist, dass die Ergebnisse kausal interpretiert werden können.[42] Die Kontrolle der Störvariablen durch Randomisierung ist für die kausale Erklärung essentiell.[43] Dadurch lassen sich die Unterschiede der Untersuchungsteilnehmer „herausmitteln". Das heißt, dass es mit gleicher Wahrscheinlichkeit in der Experimental- und Kontrollgruppe Personen gibt, die Aggressivität als stark ausgeprägtes Persönlichkeitsmerkmal aufweisen. Mit steigender Anzahl an Versuchspersonen gleichen sich mögliche Verzerrungen durch Extremwerte aus.[44] Wenn Unterschiede in den Mittelwerten der abhängigen Variablen in den beiden Untersuchungsbedingungen bestehen und diese Unterschied nicht durch Zufallseinflüsse erklärt werden können, gibt es einen Hinweis für die Wirksamkeit der unabhängigen Variablen.[45] So sind die Unterschiede in der abhängigen Variablen, also das Bestrafen anderer Personen, eindeutig auf den Einfluss der unabhängigen Variablen, also dem aggressiven Videospiel vs. nicht-aggressivem Videospiel und nicht auf Drittvariable, wie nicht näher untersuchte Persönlichkeitseigenschaften, zurückzuführen.[46]

---

[40] Vgl. Fischer et al. (2018), S. 13.
[41] Vgl. Hussy et al. (2013), S. 120-121.
[42] Vgl. Fischer et al. (2018), S. 13.
[43] Vgl. Hussy et al. (2013), S. 120-121.
[44] Vgl. Fischer et al. (2018), S. 13.
[45] Vgl. Hussy et al. (2013), S. 120-121.
[46] Vgl. Fischer et al. (2018), S. 13.

2.2.2 Vergleich Experiment vs. systematische Feldbeobachtung

Das Experiment und die systematische Feldbeobachtung unterscheiden sich dahingehend, dass das Experiment zur quantitativen Forschung und die Feldbeobachtung zur deskriptiven Feldforschung als qualitativer Ansatz gezählt wird. Beim Experiment ist das Feld nur der Ort, an dem die Untersuchung durchgeführt wird, während bei der Feldbeobachtung das Feld selbst Teil des Untersuchungsgegenstandes ist. Ziel der Feldbeobachtung ist das Kennenlernen und Beschreiben einer Kultur aus der Sicht ihrer Mitglieder. Hierbei soll die Kultur möglichst nicht durch die Forschungstätigkeit verändert werden.[47] Das Experiment ist zwar ebenfalls eine systematische Beobachtungssituation, allerdings werden in dieser die unabhängigen Variablen manipuliert.[48] Mit der experimentellen „Manipulation" werden aktiv Verursachungsbedingungen hergestellt.[49] Dieses Vorgehen ist entscheidend, um den kausalen Einfluss einer oder mehrerer unabhängiger Variablen auf die Ausprägungen einer oder mehrerer abhängiger Variablen zu überprüfen.[50] Dieses Ziel – die Veränderung der abhängigen Variablen eindeutig auf die Änderungen, die bei der unabhängigen Variablen vorgenommen wurden, zurückzuführen – ist eines der entscheidenden Vorteile eines Experiments gegenüber der systematischen Feldbeobachtung bzw. gegenüber anderen Methoden überhaupt. Im Gegensatz zur Beobachtung oder auch anderen Methoden, können mit einem „echten" Experiment kausale Zusammenhänge entdeckt werden. Ein weiterer Vorteil ist, dass innerhalb des Experiments potentielle Störfaktoren kontrolliert und eliminiert werden können.[51] Bei der systematischen Feldbeobachtung kann der Beobachtende Beobachtungs- und Beurteilungsfehlern unterliegen. Als Beispiel sei der Halo-Effekt genannt, bei dem eine hervorstechende Merkmalsausprägung der beobachteten Person andere Merkmalsurteile beeinflusst bzw. „überstrahlt". Ferner können implizite Persönlichkeitstheorien des Beobachters die Beobachtung beeinflussen, so dass bspw. eine pünktliche Person als fleißig angesehen wird. Der Primacy- und Recency-Effekt könnte darüber hinaus - aufgrund des ersten oder letzten Eindrucks des Beobachters

---

[47] Vgl. Hussy et al. (2013), S. 203.
[48] Ebd., S. 120.
[49] Vgl. Döring/Bortz (2016), S. 194.
[50] Vgl. Hussy et al. (2013), S. 120-121.
[51] Vgl. Methoden Entwicklungspsychologie (2020), S. 32.

über die Merkmale des Beobachteten - einen stärkeren Einfluss auf die nachfolgenden bzw. vorangegangenen Beobachtungen haben. Des Weiteren kann der Beobachtende durch seine Anwesenheit das beobachtete Verhalten beeinflussen. Durch den Hawthorne-Effekt führt das bloße Wissen, beobachtet zu werden, zu einer Veränderung des natürlichen Verhaltens.[52] Zwar können in einem Experiment Versuchsleitereffekte auftreten, indem bspw. der Versuchsleitende bei der Vergabe des neuen Medikaments an die Experimentalgruppe unbewusst enthusiastischer vorgeht als bei der Vergabe des Placebos. Die Versuchspersonen verhalten sich wiederum wie „gute Versuchspersonen" und bestätigen unbewusst aktiv die Hypothese. Jedoch kann der Versuchsleitereffekt durch blinde Versuchsleitende ausgeschlossen werden, die nicht wissen, ob sie ein Medikament oder ein Placebo verabreichen.[53] Schließlich ist eine Hypothesentestung möglich, so dass sich der Forschende nach Durchführung und Auswertung eines Experiments, für oder gegen eine zuvor aufgestellte Hypothese entscheiden kann.[54]

Die Nachteile eines Laborexperiments im Vergleich zur systematischen Feldbeobachtung bestehen dahingehend, dass aufgrund der künstlichen Versuchssituation und der zeitlichen Komprimierung die Verallgemeinerung der Resultate fraglich ist. So ist zum Beispiel zweifelhaft, ob Ergebnisse eines halbstündigen Lernexperiments auf längerfristige Lernprozesse übertragbar sind.[55] Demgegenüber ist die systematische Feldbeobachtung im Vorteil, da sich mit dieser Methode in einem natürlichen Umfeld sowohl komplexe soziale Interaktionen als auch auch mehrere, komplexe Verhaltensweisen verschiedener Personen über einen längeren Zeitraum beobachten lassen.[56] Letztlich unterliegen Experimente ethischen Grenzen und können somit nicht beliebig durchgeführt werden.[57]

Schließlich unterscheidet sich das Experiment von anderen Erhebungsmethoden durch die interne und externe Validität. Das Experiment besitzt von fast allen

---

[52] Vgl. Methoden Entwicklungspsychologie (2020), S. 17.
[53] Vgl. Döring/Bortz (2016), S. 194.
[54] Vgl. Methoden Entwicklungspsychologie (2020), S. 32.
[55] Vgl. Ebd., S. 33.
[56] Vgl. Ebd., S. 16.
[57] Vgl. Ebd., S. 33.

Methoden die höchste interne Validität, da alle möglichen Störvariablen durch die Randomisierung ausgefiltert werden. Bei fast allen anderen Methoden, wie der systematischen Feldbeobachtung, ist die interne Validität geringer, weil hierbei keine Kausalschlüsse gezogen werden können. Im Gegensatz dazu ist die externe Validität bei Experimenten geringer, da ein experimenteller Laborbefund nur schwer auf die wirkliche Welt übertragen werden kann. Die Feldbeobachtung könnte eine höhere externe Validität aufweisen, da sie näher an der psychischen und verhaltensmäßigen Wirklichkeit ist, allerdings können die Ergebnisse keine Kausalität eines bestimmten Effektes bestimmen. Des Weiteren kann eine hohe externe Validität nur unter der Bedingung einer hohen internen Validität existieren. Wenn ein Effekt im Laborexperiment nicht kausal auf bestimmte Einflussfaktoren zurückgeführt werden kann, gibt es diesen Zusammenhang in der Realität auch nicht bzw. wäre dieser vielleicht beobachtbar, aber durch eine andere unbekannte Drittvariable bedingt. Dagegen kann ein Laborexperiment eine hohe interne Validität bzgl. eines Effektes aufweisen, der in Wirklichkeit nicht oder noch nicht aufgetreten ist.[58]

Ein Experiment sollte gewählt werden, wenn gut begründete, theoretisch abgeleitete Kausalhypothesen geprüft werden sollen. Um die interne und externe Validität zu sichern, müssen Experimente methodisch sehr gut geplant sein. Der Aufwand eines Experiments hängt vom Design ab. So kann der Aufwand wie bei einem Online-Experiment gering und wie bei einem Laborexperiment mit großer Probandenzahl groß sein.[59]

3. Aufgabe B3

Im Folgenden sollen drei Berufsbilder in der Psychologie vorgestellt und beschrieben werden. Zudem werden die psychologischen Grundlagen- und Anwendungsfächer genannt, die sich in diesen Berufsbildern widerspiegeln.

---

[58] Vgl. Fischer et al. (2018), S. 13-14.
[59] Vgl. Döring/Bortz (2016), S. 199.

3.1 Berufsfelder der Psychologie

3.1.1 Forensische Psychologin/ Forensischer Psychologe

Forensische Psychologinnen und Forensische Psychologen wenden psychologische Theorien, Erkenntnisse und Methoden auf rechtliche Fragestellungen an.[60] Ein geringer Anteil aller Psychologinnen und Psychologen sind als Gutachtende bei Gericht oder im Strafvollzug tätig. Einsatzgebiete sind Gerichte, Justizvollzugsanstalten oder sozialtherapeutische Kliniken.[61] Die meisten Forensischen Psychologinnen und Psychologen sind als Psychotherapeutinnen und Psychotherapeuten in Forensischen Kliniken des Maßregelvollzugs und in Justizvollzugsanstalten oder als Sachverständige tätig.[62] Bei der Sachverständigentätigkeit geht es um die Erstellung von Gutachten, die von Gerichten, Staatsanwaltschaften, Verteidigern oder anderen Einrichtungen in Auftrag gegeben werden, um bestimmte Fragen mittels psychologischer Fachkenntnis klären zu können. Des Weiteren werden im Strafrecht Fragen in Bezug auf Gefährlichkeitsprognosen, Entwicklungsreife von jugendlichen oder heranwachsenden Täterinnen und Tätern, Schuldunfähigkeit, verminderte Schuldfähigkeit oder Glaubhaftigkeit von Zeugenaussagen beantwortet. Bei Sorge- und Umgangsrechtfragen sowie möglicher Kindeswohlgefährdung werden familienpsychologische Sachverständige hinzugezogen. Weitere Aufgabengebiete Forensischer Psychologinnen oder Forensischer Psychologen sind sozialmedizinische Gutachten bei Fragen der Erwerbs- oder Berufsunfähigkeit oder Schädigungen bspw. nach einer Straftat oder zivil-, verwaltungs- oder verkehrsrechtliche Gutachten.[63] Ferner forschen Forensische Psychologinnen und Forensische Psychologen zum Thema Kriminalität und Kriminalprävention.[64]

Da die Fragestellungen der forensisch-psychologischen Untersuchungen sehr vielfältig sind, ist eine besondere Expertise auch in weiteren

---

[60] Vgl. Yundina/Tippelt (2019), S. 213.
[61] Vgl. Psychologie Uni Freiburg (2020).
[62] Vgl. Yundina/Tippelt (2019), S. 219.
[63] Vgl. Ebd., S. 213.
[64] Vgl. Psychologie Uni Freiburg (2020).

Nachbarwissenschaften, wie Forensische Psychiatrie, Kriminologie, Kriminalistik, Rechtsmedizin und Rechtssoziologie, notwendig. Deshalb sind die Sachverständigen auf die einzelnen Rechtsgebiete, wie Strafrecht oder Familienrecht, spezialisiert.[65]

3.1.2 Schulpsychologin/Schulpsychologe

Die Schulpsychologie besteht bereits seit über 60 Jahren. Ein wesentlicher Grund für den Aufbau eines Schulpsychologischen Dienstes war die zunehmende Gewalt in Schulen der Nachkriegszeit. Allerdings begannen die Anfänge der Schulpsychologie schon viel eher. Bereits 1911 wurde auf dem ersten Kongress für Jugendbildung und Jugendkunde von William Stern das Einsetzen von Schulpsychologen gefordert. 1922 kam es schließlich zur Einstellung des ersten Schulpsychologen. Heutzutage sind diese ein fester Bestandteil des Unterstützungs- und Beratungsangebotes der Schulen, wobei die Versorgung in den einzelnen Bundesländern sehr unterschiedlich ist.[66]

Das Einsatzgebiet der Schulpsychologinnen und Schulpsychologen ist der schulpsychologische Dienst der Bundesländer.[67] Sie widmen sich Lern- und Verhaltensproblemen, persönlichen Krisen, psychischen Erkrankungen, Gewaltvorfällen, die in Schulen vorkommen sowie der Inklusion und des Nachteilsausgleichs für Schülerinnen und Schüler mit sonderpädagogischem Förderbedarf. Ihre Tätigkeit bezieht sich vor allem auf die Beratung bei Lern- und Leistungsschwierigkeiten, Verhaltensauffälligkeiten in der Schule und der Schullaufbahn.[68] Ferner unterstützen sie Schulen u.a. bei Konzepten zur Inklusion, Gewalt- und Gesundheitsprävention oder zur Verbesserung des Schul- und Klassenklimas.[69] Des Weiteren führen sie Coachings, Supervisionen sowie Fort- und Weiterbildungen für Lehrerinnen und Lehrer und Schulleitungen durch und sind an der Schulentwicklung beteiligt.[70]

---

[65] Vgl. Yundina/Tippelt (2019), S. 214-215.
[66] Vgl. Seifried (2019), S. 263.
[67] Vgl. Psychologie Uni Freiburg (2020).
[68] Vgl. Psychologie Uni Freiburg (2020).
[69] Vgl. Seifried (2019), S. 264.
[70] Vgl. Psychologie Uni Freiburg (2020).

3.1.3 Verkehrspsychologin/Verkehrspsychologe

Die Verkehrspsychologie ist eine der ältesten psychologischen Disziplinen. Seitdem Straßenbahnfahrer untersucht wurden (1912), zählt die Diagnostik der Eignung zum Führen von Fahrzeugen zu dem Hauptarbeitsfeld von Verkehrspsychologen. Heute liegt der Schwerpunkt neben der Diagnostik der Fahrtauglichkeit durch medizinisch-psychologische Untersuchungen (MPU) auch in der Verbesserung der Fahreignung mit Hilfe von Nachschulungen und Verkehrsrehabilitation. Des Weiteren sind kleine, aber wachsende Berufsfelder wie die ergonomische Verkehrspsychologie und Mobilitätspsychologie hervorzuheben.[71]

Etwa zwei Prozent aller Psychologinnen und Psychologen arbeiten in dem Nischenfeld Verkehrspsychologie. Ihre Einsatzgebiete befinden sich beim TÜV, in Begutachtungs- und Beratungsstellen für Fahreignung, in der Automobil-, Luft- und Raumfahrtindustrie sowie bei der Bundesanstalt für Straßenwesen oder bei der Bundesanstalt für Flugsicherung. Ihre Tätigkeitsfelder sind dabei die Beurteilung der Fahreignung von Personen, Beratung, Rehabilitation und Nachschulung auffälliger Kraftfahrerinnen und Kraftfahrer, Verkehrserziehung und die Sicherheits- und Unfallforschung.[72]

Bei der Fahreignungsdiagnostik wird die Fahreignung nach Auffälligkeiten begutachtet. In diesem Anwendungsgebiet werden die meisten Verkehrspsychologinnen und Verkehrspsychologen eingesetzt. Zum Klientel zählen vor allem Trunkenheits- und Punktetäterinnen und -täter, die nach dem Entzug der Fahrerlaubnis nachweisen wollen, dass sie wieder ein Fahrzeug führen können. Verkehrspsychologinnen und Verkehrspsychologen schulen verkehrsauffällige Kraftfahrenden in Rehabilitationsmaßnahmen nach. Dabei wird versucht, bei alkoholauffälligen Kraftfahrenden, Drogenkonsumenten und besonders risikofreudigen und rücksichtslosen Verkehrsteilnehmenden, in Einzel- oder Gruppensitzungen, das Verhalten zu ändern. Das Klientel besteht aus

---

[71] Vgl. Fastenmeier (2019), S. 221.
[72] Vgl. Psychologie Uni Freiburg (2020).

Personen, die sich nach Unfällen oder Krankheit einer Fahrtauglichkeit unterziehen müssen.[73]

3.2 Psychologische Grundlagen- und Anwendungsfächer

Zu den Grundlagenfächern der Psychologie zählen die Allgemeine Psychologie, die Differenzielle Psychologie und Persönlichkeitsforschung, die Sozialpsychologie, die Biologische Psychologie sowie die Entwicklungspsychologie.[74]

3.2.1 Forensische Psychologie

Die Forensische Psychologie ist Teil der Rechtspsychologie, das eines der ältesten Fächer der angewandten Psychologie ist.[75] Daneben fließen Schwerpunkte aus der Klinischen Psychologie, Diagnostik, Persönlichkeits-, Entwicklungs- und Sozialpsychologie mit ein, die wesentliche Grundlagen für die forensischen Beurteilungen beinhalten.[76]

3.2.2 Schulpsychologie

Die Anwendungsfächer der Schulpsychologie sind die Allgemeine Psychologie, Sozialpsychologie und Entwicklungspsychologie. Das Anwendungsfach ist die Pädagogische Psychologie ergänzt um die Klinische Psychologie, die Arbeits-, und Organisationspsychologie sowie die Gesundheitspsychologie.[77]

---

[73] Vgl. Krems/Baumann (2011), S. 515.
[74] Vgl. Psychologie Uni Freiburg (2020).
[75] Vgl. Yundina/Tippelt (2019), S. 213.
[76] Vgl. Ebd., S. 219.
[77] Vgl. Seifried (2019), S. 264.

3.2.3 Verkehrspsychologie

Die Verkehrspsychologie ist ein Querschnitt der Allgemeinen und angewandten Psychologie mit Bezug zur Arbeits- und Ingenieurspsychologie. Das Erkenntnisinteresse ist grundlagen- und anwendungsorientiert und damit praxisbezogen. Der Schwerpunkt liegt auf dem Erleben und Verhalten von Menschen im Verkehrs- und Transportwesen sowie deren psychischen Prozessen. Das Forschungsfeld ist innovativ mit teilweise eigener Methodik und theoretischen Ansätzen.[78] Als Anwendungsdisziplin werden von der Verkehrspsychologie folgende Methoden eingesetzt: Beobachtungen, Befragungen, psychometrische Tests, Experimente, Quasi-Experimente sowie speziell für den Verkehrskontext entwickelte Verfahren. Insbesondere in der Fahreignungsdiagnostik werden Tests verwendet, um die fahrbezogene Leistungsfähigkeit zu beurteilen. Eines der spektakulärsten Verfahren sind Simulatoren, an denen Probanden an nachgestellten Verkehrssituationen untersucht werden.[79]

---

[78] Vgl. Fastenmeier (2019), S. 221.
[79] Vgl. Krems/Baumann (2011), S. 512.

Literaturverzeichnis

Döring, N./Bortz, J. (2016), Forschungsmethoden und Evaluation in den Sozial- und Humanwissenschaften, 5. Aufl., Berlin, Heidelberg.

Fastenmeier, W. (2019), Tätigkeit als Verkehrspsychologe. In: Mendius, M./Werther, S. (Hrsg.), Faszination Psychologie – Berufsfelder und Karrierewege, 2. Aufl., Berlin, S. 221–229.

Fischer, P./Jander, K./Krüger, J. (2018), Sozialpsychologie für Bachelor, 2. Aufl., Berlin.

Hussy, W./Schreier, M./Echterhoff, G. (2013), Forschungsmethoden in Psychologie und Sozialwissenschaften für Bachelor, 2. Aufl., Berlin, Heidelberg.

Psychologie Uni Freiburg (2020): Inhalte und Berufsfelder der Psychologie, https://www.psychologie.uni-freiburg.de/studium.lehre/studieninteressierte/wasistdas, abgerufen am 15.08.2020.

Seifried, K. (2019), Tätigkeit als Schulpsychologe. In: Mendius, M./Werther, S. (Hrsg.), Faszination Psychologie – Berufsfelder und Karrierewege, 2. Aufl., Berlin, S. 263–275.

Kochinka, A. (2010), Beobachtung. In: Mey, G./Mruck, K. (Hrsg.), Handbuch Qualitative Forschung in der Psychologie, Berlin, Heidelberg, S. 449–461.

Krems, J./Baumann, M. (2011), Verkehrspsychologie. In: Schütz, A./Brand, M./Selg, H./Lautenbacher, S. (Hrsg.), Psychologie, 4. Aufl., Stuttgart, S. 502–519.

Methoden Entwicklungspsychologie (2020): Beobachtung, http://www.methoden-psychologie.de/bewertung_1_eyetracker.html, abgerufen am 15.08.2020.

Methoden Entwicklungspsychologie (2020): Experiment, http://www.methoden-psychologie.de/bewertung_exp_1.html, abgerufen am 15.08.2020.

Yundina, E./Tippelt, S. (2019), Tätigkeit als Forensischer Psychologe. In: Mendius, M./Werther, S. (Hrsg.), Faszination Psychologie – Berufsfelder und Karrierewege, 2. Aufl., Berlin, S. 213–221.

Von der Assen, C. (2016), Crash –Kurs Psychologie, Berlin, Heidelberg

BEI GRIN MACHT SICH IHR WISSEN BEZAHLT

- Wir veröffentlichen Ihre Hausarbeit, Bachelor- und Masterarbeit

- Ihr eigenes eBook und Buch - weltweit in allen wichtigen Shops

- Verdienen Sie an jedem Verkauf

Jetzt bei www.GRIN.com hochladen und kostenlos publizieren